PORTRAITS

PEINTS

SUR ÉMAIL

PAR

PETITOT

VENTE

Le Samedi 29 Mars 1862

Mᵉ **DELBERGUE-CORMONT**, Commissaire-Priseur.

MM. MANNHEIM, Experts.

3 — 1000 —
5 — 615 —
18 — 111 —
18 — 30 —
19 — 200 —
22 — 56 —
27 — 550 —
28 — 501 —
36 — 145

3209 —
5/o 160.45
3369 45

RENOU ET MAULDE

IMPRIMEURS DE LA COMPAGNIE DES COMMISSAIRES-PRISEURS

Rue de Rivoli, 144.

6448.05.

CATALOGUE

D'UNE TRÈS-BELLE COLLECTION

DE

PORTRAITS

PEINTS

SUR ÉMAIL

PAR

PETITOT

ET AUTRES

DONT LA VENTE AURA LIEU

HOTEL DES COMMISSAIRES-PRISEURS

Rue Drouot, n° 5

SALLE N° 3, AU 1er

Le Samedi 29 Mars 1862, à 2 heures

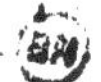

M° **DELBERGUE-CORMONT**, Commissaire-Priseur,
rue de Provence, 8,

Assisté de **MM. MANNHEIM**, Experts, rue de la Paix, 10.

EXPOSITION PARTICULIÈRE

Le Jeudi 27 Mars 1862, de une heure à cinq heures.

EXPOSITION PUBLIQUE

Le Vendredi 28 Mars 1862, de une heure à cinq heures.

1862

CONDITIONS DE LA VENTE

Elle sera faite au comptant.

Les Acquéreurs paieront, en sus des adjudications, CINQ pour CENT.

LE CATALOGUE SE TROUVE :

A Paris. . . . . . . chez MM. DELBERGUE-CORMONT, Commissaire-Priseur, rue de Provence, 8.

— . . . . MANNHEIM, Experts, rue de la Paix, 10.

A Londres . . N. DURLACHER, 113, New-Bond street.

A Bruxelles . . ETIENNE LE ROY, place du Grand-Sablon, 12.

A Berlin . . . . A. FIOCATI, Unter den Linden, 21.

DÉSIGNATION

— ✦❉✦ —

PETITOT

1 — Anjou (duc d').

Émail ovale sur cuivre.—H. 28 mill. L. 25 mill.

PETITOT

2 — Anjou (Marguerite d').

Émail ovale sur or.—H. 27 mill. L. 24 mill.

PETITOT

3 — Anne d'Autriche.

Émail ovale sur or.—H. 42 mill. L. 34 mill.

PETITOT

4 — Berry (duc de).

Émail rond sur or.—Diam., 32 mill.

PETITOT

5 — Blois (Marie-Anne, Mlle de).

Émail ovale sur or.—H. 30 mill. L. 28 mill.

PETITOT (ATTRIBUÉ A)

6 — Bourbon (Anne de).

Émail ovale sur or.—H. 27 mill. L. 24 mill.

INCONNU

7 — Bourbon (Françoise-Marie de).

Émail ovale sur cuivre.—H. 38 mill. L. 31 mill.

PETITOT

8 — Bourbon (Louis de).

Émail rond sur or. Fracturé.—Diam , 22 mill.

PETITOT

9 — Bourgogne (duc de).

Émail ovale sur or.—H. 42 mill. L. 35 mill.

PETITOT

10 — Chevreuse (Mme de).

Émail ovale sur or.—H. 27 mill. L. 24 mill.

INCONNU

11 — Christine de Suède.

Médaillon ovale émaillé sur or. Au revers un portrait d'homme figurant un
génie ailé.—H. 34 mill. L. 29 mill.

PETITOT

12 — Deshoulières (Mme).

Émail ovale sur or.—H. 23 mill. L. 2; mill.

PETITOT

13 — Grignan (M. de).

Émail ovale sur or.—H. 2; mill. L. 21 mill.

INCONNU

14 — Grignan (Mme de).

Miniature ovale sur ivoire, d'après Petitot.—H. 38 mill. L. 32 mill.

PETITOT

15 — Larochefoucauld (duchesse de).

Émail ovale sur or.—H. 29 mill. L. 26 mill.

PETITOT

16 — Larochefoucauld (duc de).

Émail ovale sur or.—H. 26 mill. L. 24 mill.

PETITOT (ATTRIBUÉ A)

17 — La Vallière (Mlle de).

Émail ovale sur or —H. 37 mill. L. 32 mill

INCONNU

18 — Le Nôtre.

Émail ovale sur cuivre.—H. 31 mill. L. 28 mill

INCONNU

19 — Louis, dauphin.

Émail ovale sur cuivre.—H. 33 mill. L. 28 mm .

PETITOT

20 — Louis XIV.

Émail ovale sur or.—H. 18 mill. L. 16 mill.

PETITOT

21 — Louis XIV.

Émail ovale sur or.—H. 25 mill. L. 22 mill.

PETITOT .

22 — Louis XIV.

Émail ovale sur cuivre. Fracturé.—H. 27 mill. L. 25 mill

PETITOT

23 — Louis XIV.

Émail rond sur or.—Diam., 29 mill.

PETITOT

24 — Louis XIV.

Émail ovale sur or.—H. 26 mill. L. 23 mill.

PETITOT

25 — Louis XIV.

Émail ovale sur or. Fracturé.—H. 28 mill. L. 23 mill.

INCONNU

26 — Louvois.

Émail ovale sur cuivre.—H. 42 mill. L. 28 mill.

PETITOT

27 — Luxembourg (maréchal, duc de).

Émail ovale sur or. —H. 30 mill. L. 26 mill.

PETITOT

28 — Maine (duc du).

Émail ovale sur or. —H. 27 mill. L. 23 mill

PETITOT

29 — Marie-Thérèse.

Émail ovale sur or —H. 28 mill. L. 24 mill.

PETITOT

30 — Mazarin (cardinal).

Émail ovale sur or. — H. 26 mill. L. 23 mill.

PETITOT (ATTRIBUÉ A)

31 — Mazarin (duchesse de).

Émail ovale sur or. — H. 27 mill. L. 24 mill.

PETITOT

32 — Montespan (Mme de).

Émail ovale sur cuivre. — H. 26 mill. L. 24 mill.

PETITOT

33 — Montpensier (Mlle de).

Émail ovale sur or.—H. 26 mill. L. 23 mill.

PETITOT

34 — Orléans (Gaston d').

Émail ovale sur or.—H. 17 mill. L. 14 mill.

PETITOT

35 — Princesse palatine.

Émail ovale sur or.—H. 22 mill. L. 19 mill.

INCONNU

36 — Personnage inconnu.

Émail ovale sur or. Il porte au revers la date de 1664.
H. 28 mill. L. 24 mill.

INCONNU

37 — Petit-fils de Louis XIV.

Émail ovale sur cuivre.—H. 27 mill. L. 23 mill.

INCONNU

38 — Petite-fille de Louis XIV.

Émail ovale sur cuivre.—H. 27 mill. L. 23 mill.

INCONNU

39 — Petit-fils de Louis XIV.

Émail ovale sur cuivre.—H. 26 mill. L. 23 mill.

PETITOT

40 — Perrault.

Émail ovale sur or.—H. 29 mill. L. 26 mill.

INCONNU

41 — Sévigné (Mme de).

Miniature ovale sur ivoire.—H. 38 mill. L. 33 mill.

PETITOT

42 — Thianges (Mme de).

Émail ovale sur or.—H. 42 mill. L. 36 mill.

PETITOT

43 — Turenne (le maréchal de).

Émail ovale sur or.—H. 28 mill. L. 24 mill.

PETITOT

44 — Vendôme (duc de).

Émail ovale sur or.—H. 26 mill. L. 22 mill

PETITOT

45 — Villars (duc de).

Émail ovale sur or.—H. 24 mill. L. 21 mill.

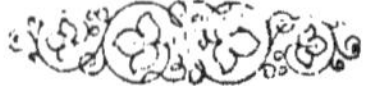

Toutes les pièces cataloguées ci-dessus sont montées dans des petites bordures d'or ciselé.

Renou et Maulde, imprimeurs de la Compagnie des Commissaires-Priseurs, rue de Rivoli, 144.

www.ingramcontent.com/pod-product-compliance
Ingram Content Group UK Ltd.
Pitfield, Milton Keynes, MK11 3LW, UK
UKHW031704170726
13836UKWH00001B/29